My Notes

All I want to do is pet my cat, stay in my Pjs & watch my Favorite Hallmark Movies all day long

My Notes

My Notes

All I want to do is pet my cat, stay in my PJs & watch my Favorite Hallmark Movies all day long

My Notes

My Notes

All I want to do is pet my cat, stay in my PJs & watch my Favorite Hallmark Movies all day long

My Notes

My Notes

All I want to do is pet my cat, stay in my PJs & watch my Favorite Hallmark Movies all day long

My Notes

My Notes

All I want to do is pet my cat, stay in my PJs & watch my Favorite Hallmark Movies all day long

My Notes

My Notes

All I want to do is pet my cat, stay in my PJs & watch my Favorite Hallmark Movies all day long

My Notes

My Notes

All I want to do is pet my cat, stay in my Pjs & watch my Favorite Hallmark Movies all day long

My Notes

My Notes

All I want to do is pet my cat, stay in my Pjs & watch my Favorite Hallmark Movies all day long

My Notes

My Notes

All I want to do is pet my cat, stay in my Pjs & watch my Favorite Hallmark Movies all day long

My Notes

My Notes

All I want to do is pet my cat, stay in my PJs & watch my favorite Hallmark Movies all day long

My Notes

My Notes

All I want to do is pet my cat, stay in my Pjs & watch my Favorite Hallmark Movies all day long

My Notes

My Notes

All I want to do is pet my cat, stay in my PJs & watch my Favorite Hallmark Movies all day long

My Notes

My Notes

All I want to do is pet my cat, stay in my PJs & watch my Favorite Hallmark Movies all day long

My Notes

My Notes

All I want to do is pet my cat, stay in my PJs & watch my Favorite Hallmark Movies all day long

My Notes

My Notes

All I want to do is pet my cat, stay in my Pjs & watch my Favorite Hallmark Movies all day long

My Notes

My Notes

All I want to do is pet my cat, stay in my Pjs & watch my Favorite Hallmark Movies all day long

My Notes

My Notes

All I want to do is pet my cat, stay in my Pjs & watch my Favorite Hallmark Movies all day long

My Notes

My Notes

All I want to do is pet my cat, stay in my Pjs & watch my Favorite Hallmark Movies all day long

My Notes

My Notes

All I want to do is pet my cat, stay in my PJs & watch my Favorite Hallmark Movies all day long

My Notes

My Notes

All I want to do is pet my cat, stay in my PJs & watch my favorite Hallmark Movies all day long

My Notes

My Notes

All I want to do is pet my cat, stay in my PJs & watch my favorite Hallmark Movies all day long

My Notes

My Notes

All I want to do is pet my cat, stay in my Pjs & watch my Favorite Hallmark Movies all day long

My Notes

My Notes

All I want to do is pet my cat, stay in my Pjs & watch my Favorite Hallmark Movies all day long

My Notes

My Notes

All I want to do is pet my cat, stay in my PJs & watch my Favorite Hallmark Movies all day long

My Notes

My Notes

All I want to do is pet my cat, stay in my Pjs & watch my Favorite Hallmark Movies all day long

My Notes

My Notes

All I want to do is pet my cat, stay in my PJs & watch my favorite Hallmark Movies all day long

My Notes

My Notes

All I want to do is pet my cat, stay in my PJs & watch my Favorite Hallmark Movies all day long

My Notes

My Notes

All I want to do is pet my cat, stay in my PJs & watch my favorite Hallmark Movies all day long

My Notes

My Notes

All I want to do is pet my cat, stay in my PJs & watch my Favorite Hallmark Movies all day long

My Notes

My Notes

All I want to do is pet my cat, stay in my Pjs & watch my Favorite Hallmark Movies all day long

My Notes

My Notes

All I want to do is pet my cat, stay in my Pjs & watch my Favorite Hallmark Movies all day long

My Notes

My Notes

All I want to do is pet my cat, stay in my Pjs & watch my Favorite Hallmark Movies all day long

My Notes

My Notes

All I want to do is pet my cat, stay in my Pjs & watch my Favorite Hallmark Movies all day long

My Notes

My Notes

All I want to do is pet my cat, stay in my PJs & watch my favorite Hallmark Movies all day long

My Notes

My Notes

All I want to do is pet my cat, stay in my PJs & watch my favorite Hallmark Movies all day long

My Notes

My Notes

All I want to do is pet my cat, stay in my PJs & watch my favorite Hallmark Movies all day long

My Notes

My Notes

All I want to do is pet my cat, stay in my Pjs & watch my Favorite Hallmark Movies all day long

My Notes

My Notes

All I want to do is pet my cat, stay in my PJs & watch my Favorite Hallmark Movies all day long

My Notes

My Notes

All I want to do is pet my cat, stay in my PJs & watch my Favorite Hallmark Movies all day long

My Notes

My Notes

All I want to do is pet my cat, stay in my Pjs & watch my Favorite Hallmark Movies all day long

My Notes

My Notes

All I want to do is pet my cat, stay in my PJs & watch my Favorite Hallmark Movies all day long

My Notes

My Notes

All I want to do is pet my cat, stay in my PJs & watch my Favorite Hallmark Movies all day long

My Notes

My Notes

All I want to do is pet my cat, stay in my Pjs & watch my Favorite Hallmark Movies all day long

My Notes

My Notes

All I want to do is pet my cat, stay in my Pjs & watch my Favorite Hallmark Movies all day long

My Notes

My Notes

All I want to do is pet my cat, stay in my Pjs & watch my Favorite Hallmark Movies all day long

My Notes

My Notes

All I want to do is pet my cat, stay in my PJs & watch my Favorite Hallmark Movies all day long

My Notes

My Notes

All I want to do is pet my cat, stay in my Pjs & watch my Favorite Hallmark Movies all day long

My Notes

My Notes

All I want to do is pet my cat, stay in my PJs & watch my Favorite Hallmark Movies all day long

My Notes

My Notes

All I want to do is pet my cat, stay in my PJs & watch my favorite Hallmark Movies all day long

My Notes

My Notes

All I want to do is pet my cat, stay in my Pjs & watch my Favorite Hallmark Movies all day long

My Notes

My Notes

All I want to do is pet my cat, stay in my PJs & watch my Favorite Hallmark Movies all day long

My Notes

My Notes

All I want to do is pet my cat, stay in my PJs & watch my Favorite Hallmark Movies all day long

My Notes

My Notes

All I want to do is pet my cat, stay in my PJs & watch my favorite Hallmark Movies all day long

My Notes

My Notes

All I want to do is pet my cat, stay in my Pjs & watch my Favorite Hallmark Movies all day long

My Notes

My Notes

All I want to do is pet my cat, stay in my Pjs & watch my Favorite Hallmark Movies all day long

My Notes

My Notes

All I want to do is pet my cat, stay in my PJs & watch my favorite Hallmark Movies all day long

My Notes

My Notes

All I want to do is pet my cat, stay in my PJs & watch my favorite Hallmark Movies all day long

My Notes

My Notes

All I want to do is pet my cat, stay in my PJs & watch my Favorite Hallmark Movies all day long

My Notes

My Notes

All I want to do is pet my cat, stay in my PJs & watch my favorite Hallmark Movies all day long

My Notes

My Notes

All I want to do is pet my cat, stay in my Pjs & watch my Favorite Hallmark Movies all day long

My Notes

www.ingramcontent.com/pod-product-compliance
Lightning Source LLC
LaVergne TN
LVHW060332080526
838202LV00053B/4453